NUESTRO NOMBRE ES PIEDRA

Un jurado compuesto por

Alberto Santamaría, Julieta Valero,
Antonio Moreno, Carmelo Guillén Acosta
y *Regino Mateo*

concedió a este libro
el PREMIO ALEGRÍA 2024,
del Ayuntamiento de Santander

PEDRO FLORES

NUESTRO NOMBRE
ES PIEDRA

ADONÁIS

695
EDICIONES RIALP
Madrid

ISBN (edición impresa): 978-84-321-6909-0
ISBN (edición digital): 978-84-321-6910-6
ISBN (edición bajo demanda): 978-84-321-6911-3
ISNI: 0000 0001 0725 313X
Preimpresión: www.produccioneditorial.com
Depósito Legal: M-23096-2024
Printed in Spain - Impreso en España

Estilo Estugraf, S.L. Ciempozuelos (Madrid)

Con piedra viva escribiré mi canto
en arcos, puentes, dólmenes, columnas,
frente a la soledad del horizonte,
como un mapa que se abra ante los ojos
de los viajeros que no regresan nunca.

Eugenio Montejo

MI MADRE, QUE ES DE PIEDRA

Me viene a buscar mi madre

José Martí

MI madre está ciega y no acierta ahora a limpiarme
el hollín de la cara con su pañuelo blanco; mientras me riñe
yo estoy mudo y no sé decirle que fue mi hermano
quien encendió la hoguera, donde echó mi lengua.
Los poemas ardieron y desde el fuego yo
escupía en las brasas por no oír a mi madre quedarse ciega.
Lo que más pena me da en el mundo
es escuchar a mi madre decir, mientras me limpia la cara:
a ver si se van a creer ustedes que yo soy de piedra.
Ella, mi madre, me dice saca la lengua que moje el
        pañuelo
y yo abro la boca y tengo una hoguera; con las brasas
mi madre me moja la cara y yo me aguanto, me sonrío.
Ardieron todos los poemas, es mentira que fue mi
        hermano,
él no tiene dedos con los que hacer fuego, yo los arrojé a
        un poema

junto a los ojos de mi madre, para que no me viera ahora
irme a la cama con la cara sucia y la lengua ardiendo,
a apoyar la cabeza en la primera piedra que me llame hijo.

MI PADRE, QUE NO LEE POESÍA

mi padre es una víspera.

César Vallejo

MI padre no duraría ni un día en uno de mis poemas;
al principio escucharía el tintinear de la botellería y sí,
pero tardaría poco en descubrir que los licores y los
    borrachos
son de pega, que todo esto de la poesía es una broma
    inmensa
que sobrevive porque es un perro mestizo que no molesta.
Mi padre lo tenía todo previsto, me dio su mismo nombre
para vivir en algún momento con el nombre de un poeta,
porque hacía frío y crujía la cama y así te sale el hijo
poeta o prestidigitador, o vendedor de colchones.
Yo no duraría ni un poema en uno de sus días.
A mí me disgusta que los perros le ladren al confundirnos,
que los borrachos lo conviden a un licor que es mío,
porque yo me lo gané una noche fría en que crujía la cama.
Él me echó al mundo para decir por teléfono: sí, soy yo,

el poeta, es que me cruje, con el frío, la voz. Y acepta,
en mi nombre, echarse a dormir en la acera y ladrar un
  poco.

PASEANDO A MISS POSTGUERRA

*Necio, aprende que el mozo del ciego
un punto ha de saber más que el diablo*

(LAZARILLO DE TORMES)

*Éramos como dos ciegos que se daban la mano,
como dos niños pobres tu corazón y el mío.*

JOSÉ ÁNGEL BUESA

YO le indico cada escalón y cada bache y le pido
que desconfíe de los comerciantes, de los demás ciegos,
con cuyos perros me reúno en las tardes a contar mentiras.
Reconozco el asfalto de esta ciudad y a veces cierro
   los ojos
por estar dentro de un poema de José Ángel Buesa.
Y como cuando era niño y mi madre
comparaba las nubes y los precios,
me avergüenzo de ella por disculparse a cada rato
por ser ciega, por llevarme a su lado como un perro.
Aunque de los dos soy yo
quien camina mirando el suelo.

LIBRO DE FAMILIA

piedra, como tú…

León Felipe

PARA pasar desapercibidos algunos animales
    imitan a las piedras.
Hasta que mienten junto a una piedra más grande,
junto a una mentira mayor, que los devora.

PIEDRA, PAPEL O TIJERA

¡libros en una casa de pobres!

Antònia Vicens

MI madre es la de la tijera,
arregla para mí un pantalón usado.
Mi padre es el del papel, lía su cigarro a oscuras,
porque aún no se puede encender la luz.
Como la tijera gana al papel mamá
recorta los versos donde sale él, mi padre,
por no tragarse su humo y su tristeza.
Yo soy el de la piedra, aplasto
la tijera de mi madre, no tanto por proteger a papá,
su humo, su tristeza, sino el verso donde sale papá,
y por no llevar otro pantalón usado.
Pero él envuelve mi piedra, me dice
que mi madre siempre tiene razón, que mejor
escriba un día un poema sin humo ni tristeza.

VIRGINIA Y LAS PIEDRAS

girando hasta encontrar descanso
en el fondo del mar.

Virginia Woolf

I

HAY quien acude a la ribera del Ouse
a lanzar la piedra y esconder la mano,
protegerla del frío en los bolsillos del abrigo.
Ella viene a esconder las piedras.

II

Las piedras del río no sirven para nada,
mas que para hundir a poetas,
que no sirven para nada.

III

¿Escogió las piedras, las sopesó en la mano,
las más grandes, las más pulidas, las más blancas,
las eligió por su peso, por su música,
como se elige un verso?

IV

Hay quien acude a la ribera del Ouse
a lanzar piedras que rebotan en el agua.
A esconder luego la mano en otra mano
que los aleje del río.

V

¿Y las piedras, se arrojarán al cielo
impelidas por los poetas?

LA EDAD DE PIEDRA

¿Por qué quien ama nunca
busca verdad sino que busca dicha?

Claudio Rodríguez

YO era un mocoso rico por entonces,
cuando con cuatro piedra lisas y brillantes
se podía comprar una nevera vieja donde guardar
aquellas otras piedras más grandes que eran
    manzanas.
No siempre fui rico, al principio hube de hacer cosas
    terribles
por una piedra o dos, cosas como comerme un bicho
y decir un poema de memoria para poder tragarlo.
Antes de irme enterraba mis piedras como un perro
y en casa decidía no gastar mi fortuna a la hora de la
    cena.
Ella me dejaba ver sus rodillas por cuatro piedras,
por esa fortuna hubiera podido comprar otra nevera
    vieja

donde guardar muchas manzanas de piedra,
pero prefería contemplar sus rodillas,
frías y luminosas como los cantos de un río.
Yo era un mocoso ruin y rico por entonces.

CREMACIÓN

y que no soy
sino mi nombre.

GABRIEL ARESTI

ENTRE el fuego y la piedra
escogemos el primero, por no molestar
al maestro cantero, por no molestar
al que amasa el cemento,
por no molestar al grabador,
para que no gastes en flores y no tengas
que subirte cada noviembre a esa escalera.
Para que los que buscan a los suyos
no digan de paso nuestros nombres
como quien recuerda un mal poema.
Por no pesar sobre los hombros de nadie.
Elegimos el fuego
para llegar por un atajo al olvido.

GORGONEION

Una red de mirada
mantiene unido al mundo

ROBERTO JUARROZ

CUANDO mi padre, que no lee poesía,
vio por primera vez a mi madre, se volvió de piedra.
Mi madre, al ser ciega, es inmune a su propia mirada
en el espejo; podría decirse que sus ojos son de piedra.
Mi padre no lee poesía para que ella lo vea
no leer poesía. El encargado de la poesía soy yo.
A mi hermana le tocó la tierra, hubo de darse prisa,
ahora ya no depositan en la tierra a casi nadie.
La primera vez que mi madre me vio se dijo:
puesto que no te veo, te llamaré piedra.
La primera vez que me vio mi padre pensó
que ya no era la única piedra de la casa.
Con su mirada glauca mamá convertía en piedra
a los caseros y a los acreedores
y ahora debemos dinero hasta a las piedras.

Yo debo escribir poesía para que nadie nos mire,
mientras ellos, papá y mamá, depositan piedras
sobre una piedra que es mi hermana.

VISIONES

Vienen estas visiones
grises como un viaje por el centro del invierno
y sin embargo deslumbrantes.

JUAN JOSÉ SAER

YO me estaba guardando todos estos versos
    para cuando ellos faltaran,
pero de qué sirve una elegía si no la puede leer
    el muerto; mamá,
vamos a jugar a que estás muerta y yo te hago
    un poema y tú
me preguntas de dónde lo copié y yo te
    contesto: ¿es que no me ves
que ya soy mayor y que con los versos me gano
    la muerte?
Ponte ahí que yo te retrate, empezaré por tus
    ojos, que ya se murieron.
Mi padre da peor de muerto, por los ojos,
    porque de tener que mirar por ella

se le han puesto ojos de buey, innumerables, con
    más ojos asomados dentro.
A él lo empiezo por la sombra, la sombra es
    cuando nos prueban la mortaja.
Así ellos conocen que un poeta, aunque sólo sea
    yo, también los tuvo
en cuenta, que también hay muertos de segunda
    en la poesía.

CEMENTERIO DE CHATBY

Como cuerpos hermosos de muertos sin vejez

Constantino Cavafis

EN Alejandría, en la Calle de los Embalsamadores,
a poca distancia de la que fue la casa de Cavafis,
hemos llevado el cuerpo de mi hermana.
La poesía es un artilugio poderoso, puede
llevarnos a Alejandría en un poema, es decir, en
    tercera,
pero nos lleva. En Alejandría, en la calle de los
    Embalsamadores,
hay un escaparate con un gato ciego en cuyas
    cuencas oculares
depositaremos los ojos de ella, de mi hermana.
    Cuando Cavafis,
como suele hacer, rumbo a su empleo en el
    Ministerio de Obras Públicas,
se detenga frente al escaparate del taxidermista
a meditar el poema donde, alrededor de un gato,
    vaguen

espectros de épocas antiguas, justo ahí, verá reflejado
en el cristal su cuerpo disecado bajo la corbata y el
    chaleco
y será observado por los ojos de mi hermana desde
    un gato.
Luego llevaremos al resto de la niña al cementerio de
    Chatby,
para que espere allí lo que queda de Cavafis, lo que
    de él
quedó para la tierra después de reflejarse en los ojos
    de mi hermana.

EL INGRATO

El ingrato el bien escribe en el agua,
el mal en la piedra.

LOPE DE VEGA

EL poeta, que escribe en el agua
la palabra piedra.

CLAUSTROFOBIA

ESTABAS en el hospital, metida en el tubo blanco.
Tú te quedabas sonriendo dentro de aquel cuarto
y nosotros encerrados en el mundo.

ÁVALON

*como aguas de roca
en roca lanzados,
eternamente, hacia lo incierto.*

FRIEDRICH HÖLDERLIN

EL poema está clavado en el corazón de la piedra,
la piedra está en las profundidades de mi padre.
Los cirujanos pueden extraer la piedra, pero nadie
es capaz de extraer el poema, es más, yo digo
que no puede haber un poema dentro de mi padre.
Mi madre es la dama del lago; o era ella o era
    Virginia Woolf,
pero Virginia estaba prometida a otras aguas, a
    otras piedras.
Mi padre contrajo su mal, su piedra, cayéndose
    por los caminos,
de regreso a casa desde Camelot: en la barra de
    Camelot era un rey,
tenía un destino y una dama, en casa no era nadie

y Virginia se lo hacía con otras piedras, allá, en el río.
Ahora está dormido y ya no hay una piedra en su interior.
Yo trato de extraer el poema, mío es el reino, me inclino
sobre la piedra manchada con su sangre, pero sólo un
    poeta
de verdad habrá de extraerlo. Yo no creía
que dentro de mi padre hubiera un poema.

ÚLTIMA VOLUNTAD

Hablemos
del país del que venimos.

A<small>NA</small> B<small>LANDIANA</small>

LA arena es la ceniza de las piedras.
Al mar no, viertan nuestras cenizas al desierto;
déjennos reposar entre los nuestros.

EL ARTE DE CITAR

donde sea que esté
yo soy lo que falta.

Mark Strand

EL poema es también lo que no dice;
hay un poema de Dan Pagis, uno que nombra una mujer
y un tren. Entre sus pocos versos, en las líneas blancas
que separan un corto verso de otro, hay seis millones
    de muertos,
el poema los nombra sin nombrarlos, la Shoá cabe
en unos pocos surcos de nieve o de silencio: es tan
    grande
el silencio de los muertos que le basta un pequeño
    poema.
Yo habito el espacio que hay entre dos piedras.
Cuando ellas caminan juntas, como dos versos,
yo soy esa nieve y ese silencio del poema de Pagis.
Yo soy el verso invisible que está y que falta.

EL CABALLERO NEGRO

*Serás como una ciega viendo
una película muda.*

CHARLES SIMIC

MI madre es huérfana, la estoy viendo de casa en casa,
limpiando suelos de piedra, comiendo piedras, ella
nunca se bañará dos veces en el mismo baño.
Arrodillada mi madre lustra el suelo, el suelo
es piedra domesticada, piedra civilizada. Mi madre
cose a oscuras, porque las piedras no necesitan ver;
las agujas se clavan en sus dedos como espadas
    legendarias.
Ella tampoco va al cine los domingos, porque el rey
    Arturo
puede ordenarle fregar también esa piedra, porque
los caballeros van a pisar, seguro, el suelo recién
    fregado.
Ya me ocuparé yo de ser su negro adalid,
de encender las lámparas de los cuartos donde estuvo,

de malgastar sobre sus ojos ciegos la luz que le
   tocaba.
De llevarla al cine los domingos y contarle al
   oído una película,
una donde niñas con rodillas peladas y pulgares
   lívidos
destazan héroes luminosos sobre el mojado suelo.

ABUELO DEVORANDO A SUS HIJOS

El lobo grande ha envejecido. Es ciego.

EDUARDO LIZALDE

POR hambre de su blancura, cuando ella se fue,
mi abuelo se comió el yeso de las paredes; la voz
se le volvió blanca y afilada como la cellisca,
mi abuelo quería convertirse en ella para saber
por qué lo había abandonado. Fue por eso
que también hundió sus piernas en la harina,
sus zarpas de abatir ciervos en la harina,
creyó que un lobo viejo se podía transformar
en un blanco herbívoro, en una madre ausente
escuchándola a ella contarle a sus hijos un cuento
donde un lobo viejo se transforma en un ausente
    herbívoro,
en una madre blanca que regresa a tiempo.
La única manera de que ella lo quisiera era ser ella.
Mi abuelo sabía por una mujer que contaba un
    cuento

que esa misma mujer solo regresaría para rajarle
    la tripa;
era eso o nada. Y engulló a los niños uno a uno,
ustedes ya conocen el cuento; hay mucha hambre,
hilo de coser y una aguja. Hay un pozo, o un río,
según decida la mujer que regresa, y piedras,
muchas piedras para engañar al lobo.

ARRIEROS

Una piedra en el camino

José Alfredo Jiménez

A nosotros las piedras en el camino
no nos enseñaron nada. Nosotros
éramos las piedras.

SCRABLE

CON la palabra piedra
se puede construir la palabra padre.
Padre cabe en piedra,
pero piedra no cabe en padre.

LA NIÑA RECIBE

y si soy sueño, soy un sueño que
ya no puede ser borrado

GASTÓN BAQUERO

ELLA también estuvo aquí; ahí no lo dice,
en el mármol, ahí en las placas de metal
a la entrada de los edificios grandes no lo dice.
Pero en el poema yo he escrito un camposanto
en el que ella está enterrada bajo todas las lápidas,
un cementerio donde ella es todos los muertos
y un edificio enorme donde todo el que entra
tiene que esperar que mi hermana muerta lo reciba,
donde todos han de limpiarse los zapatos
mientras leen, solemnes, su pequeño nombre
en unas letras doradas, que a ella le dan risa.

CEMENTERIO DE SINERA

Cautivo de mis muertos y mi nombre
en muro me convierto, camino de mí mismo.

SALVADOR ESPRIU

me quito un viejo abrigo, la esperanza

ESPRIU, también

MIRA esos versos de arriba; la gente del norte
también se esconde de la vida tras la piedra.
Esos son los versos del señor notario, ¿por qué
un hombre tan importante quiso convertirse en
      poeta?
Un muerto con unas gafas tan grandes lo ve todo
y ahí supimos que también había un norte del norte
y lejos de consolarnos nos sentimos más abajo,
más al sur que nunca. ¿Por qué un poeta tan
      importante
quiso convertirse en piedra? ¿Qué queda para
      nosotros
si él quiere ser piedra, y ser del sur? Está enterrado
en la pared, ¿tampoco quedaba suelo para él?
Si no quedaba suelo para un notario que fue un poeta
que se quitaba la esperanza al quitarse el abrigo,

40

qué haremos nosotros sino mantenerla, la esperanza,
no porque seamos más importantes que el señor poeta,
y desde luego no porque lo seamos más que el señor
    notario,
sino porque aquí abajo, en el sur, en el suelo, no
    usamos abrigo.

MADRE EN LA PUERTA DEL JUZGADO

MI madre me dijo: la justicia es ciega, como yo,
tal vez esté del lado de los nuestros. A la salida
me dijo: bueno, ahora nos queda la justicia poética;
la justicia poética es poeta, como tú.
Ella no sabía que la justicia poética
también es ciega, y loca, y enferma, y borracha.

ANIMALES DE COMPAÑÍA

Si habré de irme aunque no quiero.

RUBÉN BONIFAZ NUÑO

LOS escarabajos pisoteados en el Circo Máximo no
    querían irse.
Las cucarachas ahogadas en la batalla de Salamina
    no querían irse.
Las lagartijas despanzurradas en Little Bighorn no
    querían irse.
Las palomas ametralladas por la artillería antiaérea
    no querían irse.
Las ratas abrasadas en el incendio de Roma no
    querían irse.

Yo tampoco querré irme; le pediré a la vida un ratito
    más,
como cuando daban aquellas películas por la noche
y al día siguiente jugábamos en un descampado
con animales y con fuego, con animales y con piedras.

CON PIEDRAS A MARÍA

*María besaba los muros de las callejuelas
y toda la ciudad temblaba de un violento
amor a Dios.*

JORGE EDUARDO EIELSON

MI padre, que está libre de pecado, arroja la
    primera piedra.
Mi madre, que está libre de luz, arroja la segunda.
Mi hermana que está libre de vida, arroja la tercera.
Yo, que estoy libre de saber contar, arrojo la cuarta.
Libre de carpinteros que prometen la eternidad,
María de Magdala, indemne, se ríe de nosotros:
un inocente, una ciega y una muerta
que ni arrojando todas las piedras del mundo
dañarían a nadie por besar los muros.
Un poeta incapaz de acertar con un poema
a una mujer hermosa que sonríe.

EL COLIBRÍ Y SU AMANTE

Dos piedras lanzadas por el deseo
se encuentran en el aire.

BLANCA VARELA

NO es extraño
que seamos dos piedras,
ni el deseo que nos impele a volar.
El aire, amada, el aire
es el milagro.

NAPOLEÓN EN ISLA MADRE

¡Decid, piedras; hablad vosotros,
altos palacios!

GOETHE

EN esta cama durmió la emperatriz Josefina;
mi abuela planchó y calentó las sábanas.
Por estos jardines "a la inglesa" diseñados por
    el conde
Vitaliano Borromeo paseó Bonaparte, mi abuelo
le sirvió una limonada bien fría en la *Piazzale*
    della Darsena,
a la sombra de un rododendro que enraizó
entre los finísimos huesos de mi hermana.
Papá limpiaba la *Piazzale dei Pappagalli*
    mientras mamá
se pinchaba con las negras espinas de las
    camelias, consolándose
con la ilusión de que la isla se llamaba así por ella.
En la cocina yo leía poemas para ablandar la carne.
Pero quiero decir con esto que Isla Madre es

una isla,
que bajo los cipreses centenarios y la ecléctica
        galería de cuadros,
bajo los pavos reales y los atardeceres
        encantados, hay una piedra,
una piedra enorme sin la que se ahogaría tanta
        belleza,
una piedra gris y fría, dura y servicial,
milenaria y rencorosa.

COSMOS

QUÉ son sino piedras,
grandes piedras redondas de colores,
que giran alrededor de piedras incandescentes
que se apagarán también un día cegándolo todo
a su muerte.

Soy pequeño y voy de su mano por la calle;
un planeta frío y huérfano en la órbita
de una estrella ciega.

ORDEN DE LLEGADA

Primero fue el mar
después la piedra

Celso Emilio Ferreiro

CUANDO el mar llegó mi padre ya estaba en la
    orilla,
desmenuzando el pan duro que atraería a los peces,
porque sabía que aún no habían aprendido a desconfiar.
Mi madre ya tenía en sus retinas muertas la memoria
    del azul.
El mar no se sostiene solo, el agua se vertería hacia
    la nada
y nadie en el universo avisaría por teléfono y nadie
tocaría en la casa del vecino para preguntarle cuándo
han cortado el agua. Los poemas sí son más nuevos
    que el mar.
Pero primero fue la piedra.

DARÍO

Yo fui coral primero,
después hermosa piedra

RUBÉN DARÍO

A toda piedra habría de llegarle su momento
de ser muro en la casa, ira en la honda,
lastre en los bolsillos de Virginia.
Toda piedra debería ser tomada una vez al menos
en la mano de un amante frente a un río.
Toda piedra debería ser pisada una vez al menos
por el pie de un amante alejándose de un río.
Pero eso no es posible, porque hay más piedras
que casas, más piedras que hondas, más piedras
que mujeres que se llaman Virginia y hay más piedras
que amantes. Para competir con las piedras
tendríamos que echar mano de los muertos y, aún así,
tomando cada vivo y cada muerto una piedra en su
    mano,
cada albañil y cada hondero, vivo o muerto, una
    piedra en su mano,

50

cada poeta al borde de un río o en el fondo de
    un río
una piedra en su mano, cada amante que llega o
    que se va
una piedra en su mano o en su sombra,
no tendríamos nada que hacer frente a ellas.
Eso lo supo en febrero del dieciséis Rubén Darío,
y fue ahí que se pasó a las piedras,
que nos vencieron del todo.

LA EDAD DEL PERRO

como un ladrido en legítima defensa.

SANTIAGO SYLVESTER

NADIE sabe la edad del perro.
Él es como una piedra gris en un rincón,
inmóvil como mi padre y ciego como mamá.
Porque los perros, dicen, terminan siempre
pareciéndose a sus amos.

COMIENDO PIEDRAS

vergüenza no te embargue si con ella estuvieres

Arcipreste de Hita

YO quiero hacerte la maniobra de Heimlich;
no es difícil atragantarse con una piedra
y yo vivo mirándote comer, velando tu masticación;
soy el ángel de la guarda de tus deglucciones.
He practicado en un poema donde te atorabas
y mis manos te hacían expulsar unos versos terribles,
indigestos como piedras, duros y estériles como piedras.
Yo quiero hacerte la maniobra de Heimlich, porque
eso querrá decir que te has vuelto hacia mí buscando
	aire
cuando has sentido en tu faringe la proximidad del
	abismo,
porque no es difícil atragantarse con una piedra
y más fácil es aun atragantarse con un poema,
uno que yo he deslizado entre las piedras que comías,
para poder hacerte la maniobra de Heimlich.

VOLODIA Y LAS ESTRELLAS

que todas las noches
sobre los tejados
arda aunque sea una sola estrella.

VLADIMIR MAYAKOVSKI

QUÉ es una estrella, Vladimir, sino una piedra
    incandescente;
si uno se acercara, si uno pudiera acercarse sin arder
después de haberle robado las gafas a Ósip Brik,
no vería en su centro una cara sonriente, como en el
    cinematógrafo,
ni las puntas doradas de las medallas de los héroes,
sino un crematorio gigantesco que alumbra
    mientras muere.
Además, con las gafas de Ósip solo se ve el rostro
    de Lilí,
pero eso ya lo sabías. Qué es el amor sino una
    piedra ardiendo.
Aunque sobre tu tejado arde cada noche una
    estrella diferente

tú sólo tienes gafas para esa estrella fugaz,
aunque una estrella fugaz no es una estrella.
Uno no puede acercarse a Lilí sin arder, fíjate en
    Ósip,
su cabeza es un planeta arrasado que una vez
    fue azul.
Y cada carta, cada poema que lanzas al espacio,
arde en la órbita de una estrella indiferente,
no es sino otra piedra, y otra, sobre tu propio
    tejado.

MÁS SOBRE CUERPOS CELESTES
O LA TRADUCCIÓN DE LAS PIEDRAS

Un poema es un meteoro.

<small>WALLACE STEVENS</small>

A poem is a meteor.
Stevens lo escribió así, claro está, en inglés,
poem y *meteor*; en un torpe e ingenuo juego podría
    decirse
que la a que "falta" en *poem* y la o que "falta" en *meteor*
son también fragmentos de piedra que se han
    desprendido,
ígneas colas que va dejando atrás la salamandra del
    lenguaje.
Y sí, es un torpe juego para justificar la existencia de un
    poema,
uno con Wallace Stevens, con la piedra estelar de la
    poesía.
Por magia del lenguaje esas letras son, a la vez,
restos de palabras y restos de una estrella.

LAS MANOS EN EL FUEGO

sobre todo si fuiste
puro en lo puro, diré que diste
la medida de un hombre.

JOAN VINYOLI

MI madre, que es ciega, dice un poema de Joan
  Vinyoli,
del que Salvador Espriu dijo (esto mi madre lo
  supo primero
y lo contó a todo el barrio) que daría toda su obra
por un verso suyo, de Vinyoli. Mi madre gastó su
  última luz
en leer un poema de Joan Vinyoli; pudo haber
  mirado a mi padre,
pudo haberme mirado a mí, pero prefirió encerrase
  en la oscuridad
después de leer *La medida de un hombre*, de Joan
  Vinyoli.
Mi madre se ha pasado la vida tomando medidas a
  un hombre

con una tiza y unas tijeras y de eso sabe, así que dijo:
por fin un hombre que se toma solo sus medidas.
Entonces puso la mano en el fuego por la poesía,
pero no por la poesía de Espriu, ni mucho menos por
    la mía,
sino por la poesía de Joan Vinyoli, o mejor dicho,
por un poema de Joan Vinyoli. Mi padre, que no lee
    poesía,
no se creyó que un hombre se tomara solo sus medidas,
pero cuando vio a mamá inclinada sobre un poema
con la tiza y las tijeras quiso leerlo él también.
Mi padre, que no lee poesía porque es de piedra,
dijo que Espriu exageraba, que le hubiera bastado
con ofrecer la mitad de su obra por un verso de
    Vinyoli,
después puso su mano en el fuego por tomar la mano
    de mi madre.
De mí no se habló, a pesar de que yo había dejado el
    libro
al alcance del glaucoma de mi madre, a tiro de piedra
    de papá.
Yo no tengo nada para cambiárselo a Vinyoli por un
    verso,
a no ser que él me acepte las manos quemadas de mis
    padres.

POLISEMIA

Por eso, la dureza y la blandura

Francesco Petrarca

ESTE inútil intento de juntarlos;
el canto y el canto, que puestos así
parecen lo mismo, vaya uno a saber
cuál de ellos es el canto y cuál el canto.

EXTRACCIÓN DE ÁRIDOS

Aquí las imágenes de piedra
Se levantan, aquí reciben
La súplica de la mano de un muerto

T. S. ELIOT

THOMAS es la cumbre literaria de la lengua inglesa,
ha subido hasta ahí piedra por piedra, desde el baldío,
desde San Luis, Misuri, ha subido a la cumbre de la
    lengua inglesa
a pesar de aquella doble hernia abdominal, o gracias
a ella, a las tardes en el alféizar con un libro entre las
    manos.
Mientras los otros niños jugaban a arrojarse piedras,
él soñaba con ser piedra, la última piedra,
la que se apoya y se alza sobre las demás y llega al cielo.
Él vio una isla y un baldío y se puso a ello,
a levantar una montaña en una isla sin montañas,
con las piedras que sobraron levantó una iglesia
    pequeña
cerca de Oxford donde no pudiera entrar el dios de su
    padre
y el sanatorio de Northumberland House,
donde sí pudiera entrar Vivienne, la loca.
Thomas tenía una gravera y un baldío,
nosotros trabajamos para él, Jaime Gil de Biedma

trabajó para él, porque, qué nos queda a las demás
    piedras
sino aupar hasta el cielo a esa otra piedra herniada
para que desdeñe a las poetas locas desde lo alto,
para que mire el verdadero rostro de Dios en
    nuestro nombre.

LA PLAYA

los arcos muertos
en la piedra
sólo vuelven su rostro
hacia la playa.

ANTONIO CISNEROS

Y es como si nosotros
viviésemos frente a un cementerio. No;
es como cuando nosotros vivimos frente al
    cementerio.
Piedra condenada a mirar la arena
hasta que se muera ese poema de Cisneros, es decir,
por siempre.

CUANDO UN LIBRO BATE SUS HOJAS
EN PERÚ…

PAPÁ nació el año que se editó *Los heraldos negros*.
Mamá nació el año que se editó *Trilce*.
Luego Vallejo se murió y yo aún no he nacido.
Yo sé que no se editaron estos libros de Vallejo
porque mis padres nacieron,
sino para que nacieran mis padres.

EL VIEJO CARA DE PIEDRA

—¿Al fin la alegría se acerca a mi casa?

Antonio Machado

AQUÍ lo llamaban Cara de palo, o peor,
    Pamplinas,
y eso era una enorme falta de respeto; él era uno
    de los nuestros,
él era Cara de piedra y aunque tenía motivos
    para sonreír
no lo hacía, porque sabía, aunque estuviera muerto,
que al otro lado de la pantalla estábamos
    nosotros en chanclas,
mojando las galletas en el café.
Cara de piedra, porque las piedras no se ríen
y el viejo Buster Keaton sabe que, como un poeta,
a nadie debe importar lo que un tipo siente
a este lado de la pantalla.

NOMENCLATURAS

EN geología a las piedras se les llama rocas.
En casa a la geología se le llama túmulo.
En la muerte a las piedras les decimos virginias.
En East Sussex al río se le llama Ouse
pero en la poesía se le dice Jorge Manrique,
donde a la muerte también se le llama padre.
Padre al túmulo lo llama casa.
En geología a la vida se le dice era,
pero en el Ouse se le dice piedra
y en Manrique se la llama río.
En casa a la poesía le decimos la mar.

LO ESTÉRIL

los siete trozos de espejo de tu risa estrellada.

JACQUES PREVERT

MI madre, que es ciega,
se ha encerrado en la habitación con un espejo.

Mi padre, que no lee poesía,
se ha encerrado en el baño con un poema,
pero no sabe que es él
quien lee un poema encerrado en el baño,
porque mi madre se ha llevado el espejo.

OTRO ESTÚPIDO POEMA QUE SE APROVECHA DE VIRGINIA WOOLF, DE LAS PIEDRAS Y DEL IDIOMA INGLÉS

VIRGINIA se sumerge en el Ouse
con los bolsillos llenos de piedras.
El río en inglés es casi una casa
pero para nosotros ese nombre es un rumor, una niebla.
En nuestra lengua la h es muda como una piedra sola,
pero en el idioma de Virginia la h es un jirón, un estertor.
Cada uno se ahoga y se muere en su idioma.
Los bolsillos de Virginia hacen hablar a las piedras,
se juntan y se entrechocan gracias a una muerte.
Bajo el agua helada del Ouse todas las letras son mudas;
también enmudecen la tarde y la poeta,
y con una letra muda que es un jirón y unas piedras,
construye ella una casa en el fondo del río.

LA HORA DE CENAR

Y entonces, para cenar, trato de dormir.

VÍCTOR HUGO (Los Miserables)

TU hijo es un mocoso egoísta, le dice mamá
a mi padre cerrando la nevera de golpe;
ha llegado a sus oídos de ciega (irías a ser ciega,
diría Huidobro, que Dios te dio esos oídos)
que en el descampado, en mis juegos de hijo
de ciega y de piedra, véase el poema que lo
    demuestra,
yo guardo en otra nevera opulenta y secreta
piedras que son manzanas, que son peces, que son
rojas piezas cobradas en sangrientas e infantiles
    monterías
donde hasta el más inútil de los perros se
    duerme saciado.
Tu hijo es una piedra dice mi madre cerrando la
    nevera,
y se cae al suelo y se hace trizas el imán,
    recuerdo de Venecia,

que le trajo la vecina, y que estaba allí para
    engañar al hambre
o para que creyera alguien que, alguna vez,
    estuvimos lejos.

ÍNDICE

ADONÁIS
COLECCIÓN DE POESÍA

Director: CARMELO GUILLÉN ACOSTA

ÚLTIMOS VOLÚMENES PUBLICADOS:

669.–Déborah García: TE DOY EL MAR. (Premio «Alegría» 2019).

670.–Joaquín Antonio Peñalosa: TODAVÍA HAY PRIMAVERA. TODAVÍA (Antología poética). Selección y prólogo de Fernando Arredondo.

671.–Enrique García-Máiquez: MAL QUE BIEN.

672.–María Elena Higueruelo: LOS DÍAS ETERNOS. (Premio «Adonáis» 2019).

673.–Diego Medina Poveda: TODO CUANTO ES VERDAD. (Accésit del Premio «Adonáis» 2019).

674.–Felicitas Casillo: EL CONTORNO DEL ROBLE (Accésit del Premio «Adonáis» 2019).

675.–Carlos Javier Morales: EL CORAZÓN Y EL MAR.

676.–Diego Roel: ANDRÉI RUBLIOV (Premio «Alegría» 2020).

677.–Daniel Cotta: ALUMBRAMIENTO.

678.–Abraham Guerrero Tenorio: TODA LA VIOLENCIA (Premio «Adonáis» 2020).

679.–Marta Jiménez Serrano: LA EDAD LIGERA (Accésit del Premio «Adonáis» 2020).

680.–Rodrigo Olay: VIEJA ESCUELA (Accésit del Premio «Adonáis» 2020).

681.–Ignacio Pérez Cerón: MÁRGENES DE ERROR (Accésit del Premio «Adonáis» 2020).

682.–José Manuel Gutiérrez: PAISAJES DE LA ALEGRÍA.

683.–José María Higuera: PROYECTO DE INTERIORISMO (Premio «Alegría» 2021).

684.–Nuria Ortega Riba: LAS INFANCIAS SONORAS (Premio «Adonáis» 2021).

685.–Andrés María García Cuevas: LAS CIUDADES (Accésit del Premio «Adonáis» 2021).

686.–Félix Moyano: LA DEUDA PROMETIDA (Accésit del Premio «Adonáis» 2021).

687.–Fernando García Moggia: CUÍDATE DEL AGUA MANSA (Premio Alegría 2022).

688.–Luis Escavy: VICTORIA MENOR (Premio «Adonáis» 2022).

689.–Irene Domínguez: PUREZA (Accésit del Premio «Adonáis» 2022).

690.–Lola Tórtola: LOS DIOSES DESTRUIDOS (Accésit del Premio «Adonáis» 2022).

691.–Rubén Martín Díaz: LÍRICA INDUSTRIAL (Premio Alegría 2023).

692.–María Paz Otero: LOS ATORMENTADOS. (Premio «Adonáis» 2023).

693.–Antonio Díaz Mola: EL AIRE DIVIDIDO (Accésit del Premio «Adonáis» 2023).

694.–Elisa Fernández Guzmán: DESPUÉS DEL POP (Accésit del Premio «Adonáis» 2023).

695.–Pedro Flores: NUESTRO NOMBRE ES PIEDRA (Premio «Alegría» 2024).

Las obras que han obtenido el Premio «Adonáis» aparecen numeradas en negrita.

ESTA PRIMERA EDICIÓN DE
«NUESTRO NOMBRE ES PIEDRA»,
DE PEDRO FLORES,
VOLUMEN 695 DE LA COLECCIÓN «ADONÁIS»,
PUBLICADA POR EDICIONES RIALP, S.A.,
MANUEL URIBE 13-15, MADRID,
SE ACABÓ DE IMPRIMIR EN LOS TALLERES DE
GRÁFICAS ESTILO ESTUGRAF, S.L.,
CIEMPOZUELOS (MADRID),
EL DÍA 5 DE NOVIEMBRE DE 2024.